La guía
Temas esenciales que debes conocer para triunfar en USA

TRINIDAD DE LA ROSA

Copyright © 2020 Trinidad De la Rosa
La guía del inmigrante
ISBN: 9798680389553
Todos los derechos reservados

LACUHE Ediciones
Lacuheediciones@gmail.com
Impreso en los Estados Unidos de América
Edición y diseño interior por Yorman Mejías
Portada por Yorman Mejías

Agradecimientos

Como siempre agradecida con el Dios que conozco, un Dios fuera de serie, al que encomiendo todo lo que hago para una dirección clara y precisa. Ahora sé que Él me trajo hasta aquí y que sólo por su absoluta gracia me permitió crear este libro, con temas que aun sin haber salido, sólo de escucharlos muchas personas me han dicho: «Ojalá hubiese leído tu libro antes de haber tomado muchas decisiones».

Mi corazón en agradecimiento a mis hijos, Rosemary y Jeremy, por ser mi diaria inspiración para seguir adelante y jamás pensar en rendirme, porque sé que ellos me están mirando.

Gracias, Dios, por mi duende secreto que a diario me acompaña, me inspira y apoya en todo lo que se me ocurra. ¡Nunca me dice que no!

A la mujer que me enseñó que uno tiene que tener fe y siempre me permitió crecer, a mi amada madre Seberina De la Rosa, por dar tanto, a veces sin tener nada. Mil gracias de corazón.

Palabras inspiradoras de personalidades exitosas

Tony Dandrades, exitoso periodista de origen dominicano. Actor, reportero, ganador de Premios Emmy. Es una de las personalidades más querida de los medios televisivos y nos regala unas palabras muy íntimas de motivación para todos nosotros.

Desde que emigré de mi país, a mis diecisiete años, junto a mi familia, siempre tuve en mente ser un inmigrante progresista que aportara al país que me abría las puertas. En mi caso primero Puerto Rico y años después, Estados Unidos. También estuvo en mis objetivos ser un buen representante de la tierra que me vio nacer, República Dominicana. Poco a poco, con esfuerzo, empeño y las oraciones de mi madre, pude cumplir lo que me había propuesto. El resto es historia, las oportunidades se fueron dando y yo las fui aprovechando al máximo, no todo ha sido color de rosa, los bemoles no han faltado, pero de los tropiezos también se aprende, lo más importante es no volver a tropezar con la misma piedra.

Nilda Rosario, una mujer que ha sido premiada como: Mujer Ejemplar, Mujer destacada, Premios ACE, Premios Emmy. Es realmente una inspiración para las mujeres latinas, ella nos regala desde su corazón estas motivadoras palabras.

El mejor consejo que le puedo dar a un inmigrante para triunfar, es que nunca pierda la fuerza, esperanza, espíritu de lucha y trabajo que carga el inmigrante cuando llega a este país. Debes conocer y entender el sistema, el idioma, la cultura e idiosincrasia de tu nuevo hogar para lograr lo mejor para ti y tu familia, pero sin olvidar quién eres. Los retos serán muchos, pero sí se puede. La unidad familiar, valores y el trabajo duro que nos caracterizan darán recompensa. Siempre me he sentido orgullosamente inmigrante y ahora doble, porque mi esposo es polaco y mi hijo es fruto de la inmigración de dos personas que llegaron de dos partes opuestas del mundo para encontrarse aquí, en los Estados Unidos de América.

Ino Gómez, es una de las personalidades radiales más queridas, que nos ha alegrado las mañanas por más de veinte años a través de programas mañaneros, hoy a través de Ino Contigo nos deja tantas enseñanzas y es un honor compartir con ustedes seis de los secretos más importantes para este gran triunfador. Espero lo pongan en práctica.

1.— El secreto, creo yo, es visualizar nuestros sueños cada día, y trabajar arduamente para alcanzarlos.
2.— Ser cautelosos al escoger con quien compartimos nuestros sueños y añoranzas.
3.— Perseverancia. La mayor parte de las personas exitosas en este mundo no saben dónde queda Harvard. La perseverancia, insistencia y ahínco pueden llegar más lejos que cualquier título escolar.
4.— Empeñarnos en crear paz interna nos da confianza y fortaleza. El creer en algo, ya sea Dios, Buda, Ganesh o una piedra, es importante para alcanzar nuestras metas.
5.— Rodearnos de gente más capacitada, inteligente y exitosa que nosotros, de quienes podemos siempre aprender algo nuevo, mientras nos alejamos de las relaciones tóxicas.
6.— Mantener siempre la humildad y nunca olvidarnos de dónde venimos.

Introducción

La guía del inmigrante es mi primer hijo en la escritura, y realmente cuando lo comencé, sólo pensé en la necesidad que podía llenar, en las preguntas que podía responder; entonces, las ideas fueron llegando, las fui plasmando y encontrando detalles que realmente sentí que serían de gran utilidad para los hispanos en los Estados Unidos. Todo con base en más de veinte años de trabajo, negocios y actividades comunitarias, que me permitieron estar siempre en contacto directo y entender las necesidades de los que emigran a este país y muchas veces tardan años en satisfacerlas.

Algo muy interesante, es que adjunto un vocabulario segmentado, para que comiences a familiarizarte con algunas palabras que se usan mucho en este país. Pero lo más importante es la inspiración de que tú puedes lograr tus metas, y que porque otros no hayan logrado sus metas, quiero poner en tu mente, nunca pienses que lo mismo debe pasarte a ti. Enfócate en leer y aprender según tus necesidades, y nunca dejes de soñar.

Hoy siento gran satisfacción de haber completado esta guía práctica para que todos los que llegan y los que están aquí, que no han experimentado muchas cosas, tengan la oportunidad de entrar con los ojos bien abiertos a una nueva y prometedora vida en USA.

Tabla de contenido

El gran choque cultural 13
Tengo deseos de superación 16
Aprendiendo English 19
¡Llegué a casa ajena! 22
Disfrutando de la diversidad 25
¿En dónde viviré? 28
Inscribiendo a mis hijos en la escuela 31
¡Edúcate, aun siendo adulto! 34
Identificaciones aceptadas 37
Mi licencia de conducir 40
Mi Seguro social 44
Tengo que trabajar, ¿cómo empiezo? 48
Mi primera cuenta de banco en USA 53
¡Mi crédito es importante! 57
Emergencias, tomando el control 60
Cómo encontrar profesionales de la salud 64
Medios de transporte en los Estados Unidos 68
¡Vamos a cenar en grupo! 72
¡Deja tu propina! 75
Cómo buscar alimentos étnicos 78
Días que celebramos en los Estados Unidos 82
Cómo seleccionar nuevas amistades 85
Cómo ser un emprendedor en USA 89
Pagando mis primeros taxes 93
Abreviaturas y acrónimos, ¿cómo los uso? 96

La guía del inmigrante
Temas esenciales que debes conocer para triunfar en USA

TRINIDAD DE LA ROSA

¡El gran choque cultural!

«Aceptar y disfrutar el cambio es la primera parte del éxito», EF.

Adaptarnos al choque cultural en los Estados Unidos no es cosa fácil, y cabe aclarar que no estamos hablando de ningún golpe causado o algo físico. Este tremendo impacto emocional nos puede llevar por un viaje aéreo-terrestre que va desde ansiedad, confusión, incertidumbre o quién sabe qué cosa es eso que sentimos al haber dejado nuestra familia, nuestro amado país, nuestras amistades y tener que comenzar de nuevo, muchas veces desde cero. ¡Señores, esto es para valientes!

Todos sabemos que el cambio en nuestras vidas al emigrar a los Estados Unidos puede tener grandes repercusiones en nuestro futuro. Ahora bien, como siempre digo, todo está en la actitud y la pasión que le pongas a tu nueva vida en USA.

Que todo cambia, sí, pero aun así tú sigues teniendo el control de tu destino. Llegamos muchas veces dejando nuestras familias completas y no sólo tenemos que trabajar intensamente, además debemos adaptarnos a todo nuevo: trabajo, amistades, alimentación, y sobre todo al sistema, que por más hispana que parezca la ciudad donde estamos llegando, nunca será como nuestro terruño querido.

Vas a sentir esa tristeza por tu hogar, pero recuerda que no estás solo. No te encierres en ti mismo, busca actividades y verás que poco a poco vas a ir adaptándote, busca apoyo, escribe a diario cómo te vas sintiendo, usa la escritura como terapia, y por supuesto haz ejercicio profundo de tu fe.

Yo no me acuerdo por cuánto tiempo lloré a diario al separarme de mi madre y de mi abuela, pero aquí estoy, y gracias a Dios ellas luego pudieron estar conmigo en este país.

Yo me comprometo a través de esta guía práctica a ayudarte a que encuentres lo básico para asimilar el gran choque cultural, a responder esas preguntas que todo nuevo emigrante tiene dentro y que muchas veces ni en la propia gente que lo rodea encuentra las respuestas.

Leerlo te traerá seguridad te hará sentirte más fuerte, más cómodo y menos preocupado. Te invito a estudiar las lecciones y sobre todo a practicar lo aprendido, para que sientas el impacto disminuir hasta que desaparezca y te sientas en USA como en tu propia casa.

Vocabulario relevante al tema:

Bienvenido: Welcome

Adaptarse: Adapt
Primera vez: First time
Orientación: Orientation
Buscando: Searching
Información: Information
Ayuda: Help
Gracias: Thanks
Etapas: Stages
Proceso: Process
Sueños: Dreams

Tengo deseos de superación

«Los deseos de superación son esenciales para todo ser humano que anhela el desarrollo de sus sueños a corto y largo plazo», EF.

Después de la introducción, todo el que me conoce sabe que este es uno de los temas que más me apasiona, muy serio para mí, porque es un tema vivencial, siempre he tenido deseos de superación y me encanta ver que otra persona se enfoque en superarse. Aquí estoy hoy para hablarte de la importancia de que llegues fuerte y te mantengas de esta manera para poder lograr tus metas.

¿Qué significa estar fuerte? Tener el enfoque y la actitud necesaria para lograr sobresalir y poder vivir una vida placentera en los Estados Unidos. ¡Tú eres el dueño de tu destino!

A través de mis años en los Estados Unidos de América he tenido la oportunidad de trabajar en diversas áreas, pero yo no empecé con una posición administrativa. Yo crecí hacia una posición administrativa, porque apenas tenía diecisiete años cuando vine a vivir a los Estados Unidos, y me costó mucho trabajo adaptarme e ir despacio avanzando en la vida, se me dificultó ingresar al Ejército de los Estados Unidos, no fue fácil en aquellos años conseguir un trabajo en la Quinta Avenida, me costó comprar mi primera casa. Todo tiene un precio y yo estaba dispuesta a pagarlo. Eso es lo importante. El precio puede ser sacrificio, dedicación, horas de estudio, separación familiar, entre otros; tú debes elegir qué realmente es importante para ti.

Cuando ya estaba trabajando en el área administrativa me di cuenta que muchos llegan de sus países de origen y tienen una educación superior, similar a la que quizás muchos aquí tenemos, pero que no hablan el idioma de este país. Tal vez te pase lo mismo. Por eso quiero contarte mi historia, para que sepas que ni eso, ni nada puede detenerte cuando se tienen deseos de superación. Muchas veces tienes que comenzar en posiciones no relacionadas con tu educación y esto quizás te baje la autoestima, pero no es el final.

Déjame decirte que tus deseos de superación son los que al final del camino te van a llevar hacia la cima, te harán conquistar tus metas, y harán que triunfes en lo que te propongas.

Te invito a mantener el espíritu de gratitud y enfoque en lo que quieres. Tu meta debe ser aprender, estudiar y seguir siempre progresando.

Quiero que te pongas en la mente que tú eres individual y que lo pasa en la vida del otro, no tiene que pasar en la tuya.

¡¡¡Cultiva tus deseos de superación y siempre adelante!!!

Vocabulario relevante al tema:

Superación: Overcoming
Estudios: Studies
Lograr: Achieve
Posiciones de trabajo: Working positions
Dedicación: Dedication
Calculadora: Calculator
Computadora: Computer
Carrera universitaria: College Career
Deseos: Wishes
Siempre adelante: Always ahead

Aprendiendo *English*

«¡La mejor manera de tener oportunidades educativas y laborales de triunfo en los Estados Unidos!», EF.

Señores, todos llegamos con circunstancias distintas y nos enfrentamos a situaciones diferentes, pero algo que será igual para todos los que emigramos a USA es la necesidad imperiosa de aprender el idioma de este país. No importa qué grado de educación tengas, cuantos años de experiencia en un área específica, tu linaje familiar, tus negocios, nada.

Queda claro que no aprender el idioma te puede cerrar muchas puertas, y además de eso, te aseguro que te vas a frustrar en algún momento al no poder hacer crecer tus propios proyectos o tomar tus propias decisiones.

Hoy por hoy tenemos grandes empresas que trabajan con la población hispana, pero a la hora de promocionar a alguien para el manejo del personal o lo que se conoce como *upper management*, administradores, líderes de grupo o supervisores, siempre tendrán como prioridad a los profesionales que pueden expresarse en el idioma inglés. Por motivos muy obvios seguirán entrenando en inglés y sobre todo dando oportunidades a las personas que se puedan comunicar en los dos idiomas. No te confundas si ves que alguien quizás con menos calificación escalar más rápido en una empresa sólo porque habla el idioma de este país. Es una realidad en la práctica y lo podrás observar. Esto suele pasar en cualquier empresa en los Estados Unidos.

Existen grandes recursos que te pueden asistir en aprender inglés, pero los más accesibles son los recursos en línea. Simplemente entra a Google y busca clases de inglés gratis. ¡Esto será lo primero que voy a recomendarte!

No podemos dejar de mencionar las librerías (bibliotecas locales), en tu ciudad son lugares accesibles a personas de ingresos limitados y siempre tienen programas para asistirnos a mejorar el idioma.

Las iglesias de tu vecindario son una gran fuente de recursos que muchas veces no utilizamos y vale la pena mencionar las escuelas a las que asisten tus hijos. Todos estos lugares, la mayor parte de las veces, son gratuitos, sólo tenemos que mostrar el interés de participar y salir adelante.

Además de libros, audiolibros, redes sociales, hay canales virtuales como YouTube, que son simplemente maravillosas herramientas que no debemos ignorar la hora de educarnos.

Simplemente no hay excusas para que no te pongas las pilas y comiences de una vez con el aprendizaje del idioma inglés. Esto es importante y necesario porque de esto, créeme, va a depender el 50% de tu progreso en los Estados unidos, el lograr tus sueños y vivir una vida en armonía con el hermoso país que elegiste como tu casa.

¡Entusiásmate con el idioma!

Vocabulario relevante al tema:

Inglés: English
Aprender: Learn
Enseñar: Teach
Escuela de Inglés: English school
Biblioteca: Public library
Registration: Registration
Clases gratis: Free class
Matricularse: Enrolling
Hablar: Speak
Oportunidad: Opportunity
Certificado: Certificate

¡Llegué a casa ajena!

«Provoca muchas veces incomodidades y cambios en el fluir de una familia. ¡Sé consciente!», EF.

Siempre recuerdo mi llegada a vivir permanentemente a los Estados Unidos. Nací en la ciudad de Nueva York, pero fui criada en la República Dominicana, acostumbraba a venir todas las vacaciones, pero nunca pensé en salir de mi hermosa Quisqueya de manera definitiva.

Llegué un sábado al aeropuerto de Newark, New Jersey. Era una hermosa y soleada tarde y cinco de mis adoradas primas me recogieron, todas en edades cercanas. Una de ellas tenía un novio de origen colombiano, y el mismo día él nos llevó a jugar fútbol a un parque en la ciudad de Queens, me sentía muy feliz, todo parecía color de rosa.

¡Llegó el lunes! A las seis de la mañana fui invitada cordialmente a buscar trabajo, no había tenido la responsabilidad de trabajar antes de llegar acá, recuerdo que las opciones no eran muchas, y realmente al no tener experiencia terminé en una factoría de perfumes, localizada a una hora de camino de donde vivíamos. Allí comenzó mi vida en USA, típico trabajo de factoría donde llegas y te sientes perdida. Un horario de 7 a 3, salario mínimo, una labor que nunca había hecho ni imaginado, donde realmente al llegar me sentía en otra galaxia.

Había llegado a vivir con la familia y por supuesto en habitaciones compartidas. Hay muchas cosas que debes aprender y que quizás nadie te diga. Aprendí de inmediato a compartir el arriendo, las utilidades, la lista de compras y así sucesivamente; pues simplemente me dijeron esto es lo que debes hacer, lo entendí, lo hice y me adapté.

¡Cooperar con todo lo que uses en esta casa, que ahora es tu hogar, mejorará la convivencia!

Aquí en los Estados Unidos, la renta se divide en partes iguales. Algunas familias prefieren que cada quien compre sus propios alimentos y algunos prefieren que todos pongan una cantidad de dinero determinada para comprar todos juntos los alimentos que consumen cada semana. Al llevar esta compra a la casa cada quien tendrá derecho a comer de allí, pero debes tener siempre la consideración de no abusar o desperdiciar, ya que aquí todos trabajan muy duro por su dinero.

Al llegar, también te darás cuentas de que muchas veces tendrás que dormir en la sala o cocina, en muchos casos por falta de espacio. Aun así, sé agradecido, pues muchas personas en los Estados Unidos duermen en la calle.

También debes en todo momento compartir, limpiar, ser ordenado, no tardarte mucho en el baño y sobre todo, no opinar en el estilo de vida que viven los dueños de la casa. Por tanto, evita confrontaciones en todo momento y respeta los horarios. Es importante entender que no es tu casa, que estás de paso y que tu prioridad es ahorrar para poder mudarte a un espacio adecuado y a tu gusto.

¡Por ahora es tu hogar, aprecia lo que tienes!

Vocabulario relevante al tema:

Limpiar: Clean up
Desorden: Mess
Desordenado: Untidy
Recoger: Pick up
Barrer: Sweep
Lavar: Wash
Hacer la cama: Make the bed
Aspirar: Vacuum
Sacar el polvo: Dust
Planchar: Iron
Compartir: Share
Pasar la noche: Stay overnight

¡Disfrutando de la diversidad!

«¡Aceptar las diferentes culturas es beneficiarse de cada una de ellas!», EF.

Todos los temas que están aquí en verdad son de gran importancia, pero hay uno que me apasiona y es por su relevancia actual, porque nunca pasa de moda y afecta generaciones. Yo lo he vivido y observado muy de cerca. Muchos que al llegar a los Estados Unidos son víctimas del racismo. Sé que muchos hubieran querido que no lo mencionara, que me quedara callada, pero no es posible, ya que es una realidad y no debe ser ignorada. En este capítulo te contaré sobre el racismo, la diversidad y la inclusión. Tres en uno, porque van de la mano, cuando existe uno falta el otro y así sucesivamente.

Muchas veces el racismo nos limita y no nos percatamos, pero aquí en Estados Unidos, el racismo no sólo se refiere al color de piel, sino que también incluye otros tipos de discriminaciones como por religión, posición económica, preferencias sexuales, entre otras. Si eres una persona racista vas a tratar sólo de juntarte con personas de tu misma etnia y esto te hará una persona que no le guste la diversidad y que no desee incluir a personas de otras razas.

Y entonces te ocurrirá lo que a muchos, que dejan de disfrutar una de las grandes maravillas de vivir en los Estados Unidos, que es el saber que un vecino puede ser de Checoslovaquia y el otro puede proceder de Angola o Bolivia. Pero algo que les cuesta a muchos es adaptarse a la gran diversidad en la que a diario vivimos. En muy pocos lugares de trabajos, escuelas o centros vas a encontrarte que todas las personas son de la misma nacionalidad, es por eso la importancia de la diversidad e inclusión a la que debemos siempre estar receptivos y abiertos, pues de no ser así te sentirás estar, muy a menudo, en el lugar equivocado.

Vamos por partes, pues una cosa es diversidad y otra es inclusión y quiero brevemente hablar de estas dos grandes palabras que aquí debemos tener en cuenta. Diversidad es simplemente lo diferentes que somos todos. Y cuando nos educamos en esa área podemos mostrar el respeto a esas diferentes razas, culturas y nos sentimos siempre satisfechos de poder conocer más y más de los demás. Inclusión es estar seguro que todos tengan la misma voz, que todos puedan opinar, participar y ser contados a la hora de tomar decisiones. Es sumamente importante que los adultos seamos guardianes de todas estas vertientes y así crearemos ambientes sanos para la juventud y los niños principalmente.

Hay muchas maneras de educarnos en estas áreas, una de ellas es leer acerca de las demás culturas, hacer excursiones, aunque sea a vecindarios significativos de otras regiones, como por ejemplo si visitas Little Italy en la ciudad de Manhattan, NY, podrás obtener miles de informaciones de las personas de origen italiano, sus comidas, sus costumbres y mucho más.

Así que, ¡manos a la obra!, a disfrutar y a compartir con otras nacionalidades. Mira a tu alrededor y analiza si en tu círculo hay otras culturas, otras nacionalidades o sólo de tu país. No caigas en el grave error de cerrarte puertas, oportunidades y sobre todo experiencias al cerrar tu círculo social.

Aquí algunos *tips* que te pueden ayudar a desenvolverte mejor en este objetivo: busca iglesias diversas, asiste a eventos multiculturales y por supuesto abre tu corazón a conocer el mundo de oportunidades que USA te ofrece.

Vocabulario relevante al tema:

Multicultural: Multicultural
Extranjero: Foreign
Raza: Race
Hispano: Hispanic
Negro: Black
Asiático: Asian
Blanco: White
Lenguaje: Language
Etnia: Ethnicity
Diversidad: Diversity
Religión: Religión

¿En dónde viviré?

«¡Sentirte cómodo con el lugar donde tu vives, es parte de lograr tu progreso!», EF.

Una de las decisiones más difíciles que enfrenta una familia que emigra a los Estados Unidos es saber exactamente en dónde quiere establecer sus raíces. Esta decisión va a depender de la estructura de la familia. Si hay niños, adolescentes o envejecientes son detalles a tomar en cuenta a la hora de elegir el estado, ciudad o los sectores donde te establecerías.

Si una persona tiene niños, se le recomienda altamente buscar ciudades que ofrecen servicios para estos, *daycare* o guarderías de bajos costos, es algo que las personas pueden tener en consideración.

Si hay adolescentes, la familia tendría que pensar en las escuelas que se consideran buenas, en sectores con poca violencia y programas para que la juventud pueda crecer y desarrollarse.

Si tenemos envejecientes debemos tener en cuenta que existan hospitales en el área, centros de cuidados y beneficios para los mayores.

Todo esto puedes buscarlo en el Internet o simplemente preguntarle a algún amigo o familiar que resida en el área. Por supuesto, sería fenomenal que en la zona existan fuentes de trabajos múltiples, a los que puedas aplicar y lograr un trabajo fijo, salario justo y oportunidades de crecimiento. Además, algo de gran importancia es lograr buscar una ciudad donde los alquileres de los apartamentos estén todavía a un precio accesible y que puedas cubrir su costo.

Aquí en los Estados Unidos hay diferentes tipos de viviendas y oportunidades de alojamiento. Generalmente, una persona que llega sola, podrá alquilar una habitación y de ahí quizás logre ahorrar para poder buscar un estudio pequeño o *eficiency*, pero que ya tendrá su cocina y otras amenidades. Luego, se puede mudar a un apartamento, que sería un espacio un poco más grande, pero igual muy buena alternativa antes de una casa, para saber dónde realmente decidirá establecerse.

Es prioridad que tengas lo que se llama un contrato de arrendamiento o un *lease*, el cual establece las condiciones de tu estadía en una propiedad. Por lo general, el dueño del apartamento lo rentará con un refrigerador y una estufa. Dependiendo del estado en el que resides, muchas veces los aires acondicionados están incluidos.

Aquí es donde el inmigrante tiene, quizás por primera vez, la relación de *tenant-landlord*, como se le conoce.

Así se le llama a la persona que está alquilando un espacio y la persona que lo alquiló. Muchos dueños prefieren cobrar individualmente el agua, la luz, y demás utilidades. Asimismo, dependiendo del estado en que residas, las leyes de arrendamiento pueden cambiar. Es muy importante saber esto. Para obtener información adicional se puede contactar el *City Hall* de la ciudad. Allí brindan toda la información con respecto a edificios, proyectos, casas, *townhouses*, condominios y más. Cada familia es diferente, por eso es muy importante adaptar la búsqueda a las necesidades específicas del grupo familiar.

¡Ubícate en un espacio que puedas costear!

Vocabulario relevante al tema:

Ciudad: City
Pueblo: Town
Hogar: Home
Vivir: Live
Lujoso: Luxury
Cerca de: Near by
Parque: Park
Iglesia: Church
Supermercado: Supermarket
Parqueadero: Parking
Tenant: Inquilino
Landlord: Propietario

¡Inscribiendo a mis hijos en la escuela!

«¡Base primordial para forjarles un futuro!», EF.

Es muy interesante ver que aquí las escuelas son designadas por áreas, todo se maneja a través del distrito, a diferencia de nuestros países donde son un poco más abiertas estas opciones. Aquí esto se respeta estrictamente, y en ocasiones hay familias que han sido multadas por mentir en cuanto a su dirección para poder tener sus hijos inscrito en escuelas que pertenecen a otro distrito. Es muy importante que apuntes claramente la dirección donde vives, esto incluye los números del llamado *zip code* o código de zona postal, este es el número junto a la dirección que te asignará la escuela a la que debes inscribir a tus hijos.

Lo primero que debes hacer es buscar las oficinas que se conocen en inglés como el *Board of education offices* o Departamento de Educación en la ciudad donde vives. Cada ciudad es individual y tendrá sus propias oficinas.

Los padres generalmente inscriben a sus hijos en el nivel preescolar antes de jardín de infantes o la escuela primaria. La mayoría de las escuelas aceptan niños de tres años o más, pero la edad para el nivel preescolar puede variar dependiendo de la ciudad donde resides.

Es mandatorio inscribir a los niños en la escuela, pero no es mandatorio que asistan a un jardín preescolar. La decisión de si el niño debe inscribirse en jardín de infantes o primer grado es de los padres.

Algunos de los documentos requeridos son: prueba original de natalidad de tu hijo, pasaporte, tarjeta de educación escolar, boleta de calificaciones de la escuela previa en USA. Algunas escuelas también exigirán la tarjeta del Seguro Social.

Donde residen los padres es lo que determina el distrito donde el niño estudiará. Por eso exigen proporcionar una licencia de conducir, tarjeta de registro de votante, factura de servicios públicos o de alquiler, declaración de impuestos o los documentos de retorno, comprobante de propiedad (incluyendo una declaración de la hipoteca) o cualquier otro documento oficial que muestre su nombre y dirección. Los registros de vacunas del niño también hay que presentarlos.

Escuelas chárter y privadas
Algunas escuelas (por lo general chárter) con un enfoque específico requieren que los estudiantes demuestren su talento en un arte escénico o visual. Por lo general, se trata de una audición o presentando un portafolio de trabajo.

Ahora está muy de moda las escuelas chárter. Las escuelas chárter no suelen tener un límite de inscripción y pueden reclutar estudiantes de un área geográfica más amplia. Algunas escuelas tienen un sistema de lotería, esto ocurre cuando hay más solicitudes de estudiantes que las franjas horarias disponibles.

Muchas escuelas privadas requieren un formulario de solicitud, recomendaciones de los maestros y tarjetas de reporte del pasado y suelen cobrar una mensualidad o pago anual para que los niños puedan estudiar allí. Debes ocuparte de estos trámites tan pronto sea posible, ya que muchos distritos pueden tener más niños que cupos en las escuelas.

¡Una buena escuela es muy importante para que tus hijos logren sus sueños y se mantengan motivados a seguir adelante!

Vocabulario relevante al tema:

Escuela: School
Estudiante: Student
Niños: Children
Pública: Public
Privada: Private
Derecho: Right
Distrito: District
Discriminación: Discrimination
Prueba de edad: Proof of age
Preescolar: Preschool
Secundaria: High school
Universidad: University

¡Edúcate, aun siendo adulto!

«¡Ábrete a estas grandes oportunidades a nivel académico e intelectual!», EF.

Felicidades, llegaste al país de las oportunidades, y la educación es una de las más grandes que este país te ofrece. Sin importar raza, religión o edad tienes delante de ti un sinnúmero de ofertas educativas para que te enfoques y puedas salir adelante. Pero, recuerda que todas las oportunidades que tomes van a depender de ti, de tu espíritu de superación y sobre todo de la perseverancia que pongas en lograr tu educación y tus sueños.

Comenzando por las instituciones sin fines de lucro que muchas veces y en todos los estados ofrecen educación gratuita en diversos casos que pueden ir desde la alfabetización en español y el aprendizaje del idioma inglés en diferentes niveles, hasta las grandes universidades y colegios comunitarios que ofrecen carreras cortas y que siempre tienen las oportunidades de becas para personas de escasos recursos.

Hoy en día muchos programas exigen que una persona tenga su diploma de escuela superior o secundaria, pero si esto no fue posible, tienes la alternativa de obtener lo que se conoce como **GED**, que es una certificación equivalente al diploma tradicional de bachillerato en los países latinos, donde te enseñan materias básicas como Física, Historia y Álgebra, y es aceptado en muchas instituciones como bueno y válido para seguir adelante en una carrera universitaria.

Las clases de inglés se ofrecen gratuitamente en casi todas las instituciones sin fines de lucro a través de los diferentes estados y sería de gran ayuda si quieres hacer alguna carrera técnica, que muchas veces son muy bien remuneradas. También es importante tener en cuenta que en los Estados Unidos no discriminan a las personas con discapacidades físicas o intelectuales que quieran estudiar y superarse.

La mayor parte de los institutos para adultos ofrecen clases nocturnas para permitirles a los padres poder educarse mientras trabajan de día.

Entre las carreras técnicas más solicitadas por los inmigrantes hispanos están las de asistente médico, asistente dental, cuidado de niños, cuidado de personas mayores, clases de manejo de camiones, entre otras.

Siempre es recomendable que elijas educarte en algo en lo que tengas pasión por hacer, ya que pasarás gran parte de tu tiempo dedicado a tu trabajo.

¡Busca en tu ciudad y estoy segura que encontraras una carrera que te apasione!

Vocabulario relevante al tema:

Instrucción: Instruction
Buscar: Search
Desarrollar: Develop
Mejorar: Enhance
Prosperar: Prospere
Evolucionar: Evolve
Reforma: Reform
Aprender: To learn
Certificado: Certificate
Agenda: Schedule
Recursos: Resources

Identificaciones aceptadas

«Por lo menos tres, siempre a mano, ¡siempre al día!», EF.

Señores, todo tiene un porqué y todo tiene una historia, en el pasado tuve la oportunidad de ser la fundadora de una empresa de empleos temporales o como se conoce «una agencia de empleos». Muchas veces el proceso de contratar empleados es rápido y tienes que pedir documentación y verificarlas, copias de documentos que sean apropiados para trabajar en los Estados Unidos de América.

Es digno de mencionar que fueron muchas las anécdotas que podría relatar y las ocasiones en que las personas buscando trabajo no tenían la más mínima idea de qué estaba yo hablando, cuando les pedía que por favor me entregaron la documentación para llenar los documentos de trabajo. Cuando hacía las entrevistas, les decía que por favor me presentaran un documento apropiado para trabajar en los Estados Unidos. En ocasiones me mostraban pasaportes vencidos de sus países de origen, actas de nacimiento de otros países y muchas veces me sentí como que estaba molestando al preguntar y querer llenar apropiadamente los documentos de trabajo en los Estados Unidos.

Hubo veces en que llegaron a decirme que era ilegal pedir documentación para trabajar, ya saben, sólo sentí frustración porque en verdad nadie te informa de este tipo de situaciones, reglamentos, leyes laborales; nadie te habla de documentación apropiada, y muchas familias simplemente no lo mencionan a pesar de ser algo tan importante y que te puede abrir puertas y caminos aquí en los Estados Unidos de América.

En este país, todos en todo momento debemos tener siempre un documento disponible listo y actualizado, el cual usaremos para identificarnos cuando nos lo exijan.

Hay una lista de documentos que son los aprobados por el *Homeland Security* o Departamento de Seguridad Nacional. Debes tener en cuenta que una identificación no es lo mismo que un documento que te autorice a trabajar en los Estados Unidos.

Existen documentos que son otorgados por las ciudades como identificación, pero como su nombre lo dice, son simplemente una identificación. Todos los documentos tienen una fecha de expiración, y no serán aceptados en la mayoría de los lugares si ya están vencidos, por ejemplo: los bancos, las escuelas, aplicaciones para alguna asistencia.

Aquí una breve lista para que tengas una idea de más o menos cómo se califican. Estas son algunas de las identificaciones más aceptadas por los empleadores para completar documentos de trabajo:

- ❖ Licencia de Conducir de USA y Seguro Social.

- ❖ Pasaporte de los Estados Unidos vigente.

- ❖ Permiso de trabajo y Seguro Social.

Hoy en día existen otras listas que el Gobierno va actualizando según va otorgando estos.

¡Siempre hay que estar pendiente de nuestra documentación, fecha de expiración y la ubicación de las oficinas donde las otorgan!

Vocabulario referente al tema:

Certificado de nacimiento: Birth Certificate
Cuenta bancaria: Bank Account
Licencia de conducir: Driver's Licence
Pasaporte: Passport
Tarjeta Verde: Green Card
Prueba de dirección: Proof of address
Contrato de arriendo: Lease Contract
Carta: Letter
Factura: Bill
Documento notarizado: Notarize document

Mi licencia de conducir

«¡Documento esencial que te abrirá puertas y te dará un mayor desenvolvimiento en tu diario vivir!», EF.

Unos de los documentos más importantes en los Estados Unidos es la licencia de conducir. Hubo muchas luchas sociales para lograr que todos podamos obtenerlas sin importar el estatus migratorio.

La licencia de conducir es un documento primordial para residir de manera satisfactoria en este país. Sirve, entre otras cosas, para probar tu identidad. Es la identificación aceptada en todos lados como buena y válida, como forma para cambiar cheques, como prueba de dirección para participar en programas de tu estado o ciudad, entre otros casos. A diferencia de muchos de nuestros países, donde hay una sola licencia para todo el país, aquí en los Estados Unidos cada estado emite su propio documento, que son procesados a través de las diversas oficinas de DMV por sus siglas, que significan Departamento de Vehículos de Motor. Todo este proceso, investigación, aplicación, renovación y pagos para aplicaciones va a través de este departamento.

La licencia que se obtiene en los Estados Unidos puede ser utilizada en todos los Estados Unidos y Canadá, a diferencia de las licencias expedidas en los países de Latinoamérica, que sólo permiten al portador manejar en los Estados Unidos por tres meses y después de ahí se debe tomar un examen escrito que validará las habilidades de conducir.

Como ya mencioné, es considerada como la mejor forma de identificación en muchos casos, especialmente a la hora de comprar alcohol o tabaco, además de ser obligatoria para manejar vehículos de motor.

Después de tener la documentación apropiada para residir en los Estados Unidos ya eres elegible, hay requisitos que todos debemos completar, adjunto está la lista de documentos necesarios para solicitar una licencia:

- ❖ El examen escrito, el cual debes pasar con un grado de 70 o más, o de otra manera tendrás que volverlo a realizar.
- ❖ Un examen de visión breve.
- ❖ Una prueba práctica de manejo, para la cual siempre es recomendable que tomes dos o tres clases en una escuela de manejo, pues ellos te darán las pautas necesarias para triunfar.

Las licencias clase A, B y C son licencias comerciales, las cuales requieren clases y exámenes específicos y avanzados y depende del estado que la otorgue. Las leyes son estrictas y muy penadas por cualquier error, ya que con estas se pueden transportar pasajeros o cargas grandes, de acuerdo a la letra de licencia obtenida.

Estos son algunas sugerencias a seguir para obtener la licencia de conducir:

Tomar clases de manejo y aprobar el curso.
Tener el permiso de aprendizaje.
Llenar la solicitud.
Presentar el número de Seguro Social.
Presentar la Green Card o prueba de ciudadanía.
Constancia de residencia.
Concertar una cita para poder tomar el examen de manejo.

Si a alguien se le extravía una licencia de conducir, debe reportarla de manera inmediata, pues cualquier persona puede hacer uso indebido de esta identificación y el dueño puede verse envuelto en lo que llamamos robo de identidad. ¡Debemos cuidar nuestros documentos en todo momento!

Actualmente hay algunos estados que están dando la oportunidad a personas que no tienen el estatus migratorio definido de tener una licencia de conducir. Y al igual que los demás, deben cumplir con requisitos, como aprobar el permiso de aprendizaje, el examen práctico, proporcionar documentos que prueben su identidad y no se aceptan documentos expirados, también son procesadas a través del departamento de DMV.

Vocabulario referente al tema:

Licencia de conducir: Driver's Licence
Departamento de motores y vehículos: Department of Motor Vehicles (DMV)
Leyes de tránsito: Traffic Laws
Señales de tránsito: Traffic Signs
Límite de velocidad: Speed Limit
Peatón: Pedestrian
Semáforo: Traffic Light
Cruce peatonal: Cross Walk
Autopista: Highway, Freeway
Autopista con peaje: Turnpike
Peaje: Toll
Carril de autopista: Lane

Mi Seguro Social

"Eres tú, aquí en Estados Unidos, ¡no se comparte y siempre será sólo uno!, EF.

Hay dos partes muy importantes y que debemos conocer cuando se habla de Seguro Social. Todos al llegar a los Estados Unidos debemos aplicar para obtener nuestro número de Seguro Social. Pero debemos saber que hay dos partes cuando se habla de Seguro Social.

La primera es lo que se conoce como el número de identidad, que te proporciona la administración del Seguro Social y está impreso en la tarjeta de Seguro Social, que es una pequeña tarjeta azul con tu número de identidad y la otra parte es lo que se conoce como tus beneficios de Seguro Social.

Ambos están altamente ligados, porque con el número de Seguro Social es como se mantiene el récord de toda la vida laboral de un ciudadano y esto conduce a que, en los años de adultez, se pueda recibir los beneficios del

Seguro Social, tan importante para los envejecientes en los Estados Unidos.

En este segmento estaremos exclusivamente hablando de tu tarjeta de Seguro Social. Conocida por sus siglas como SSN, tiene 9 dígitos y son exclusivos de cada individuo. Como es de esperarse, es un número único que jamás debe ser compartido.

El Departamento de Seguro Social es la entidad que te otorga este número y al hacerlo se asegura que todos tus récords estén enlazados. Es el número con el que pagas todos tus impuestos, deducciones, retiro; en fin es tu seguro en todos los aspectos.

Si por alguna razón tu Seguro Social es copiado o alguien lo usa ilegalmente, lo cual sucede muchísimo, es altamente recomendable asistir a la estación de policía más cercana y hacer la denuncia, también llamar a la oficina del Seguro Social y preferiblemente hacer una cita o acudir en persona para que se puedan aclarar cualquier situación turbia que aparezca bajo tu número. ¡Recuerda este es un número único, y jamás debe ser compartido!

Actualmente es considerado un crimen el robo de identidad. Al hacer esta denuncia el usuario se protegerá de lo que suceda con este número, y se pueda detectar que no está involucrado en actos ilícitos.

La tarjeta de Seguro Social nunca debe ser plastificada de manera permanente, ya que las instituciones del Gobierno no la aceptarán, es conveniente mantenerla en un pequeño cobertor de plástico transparente para que puedas sacarla en caso de que necesites usarla y debe ser firmada tan pronto la recibas.

Es muy importante conocer todos los peligros a los que el beneficiario del Seguro Social se expone si no cuida adecuadamente dicho documento. Ha habido infinidades de casos en los que personas inescrupulosas han usado una tarjeta de Seguro Social ajena, creando consecuencias devastadoras para el propietario real. Que muchas veces puede llevar a esta persona hasta a ir a la cárcel por motivos ajenos o desconocidos si no se percataron a tiempo.

La mejor manera de prevenir este gran flagelo es tener la tarjeta siempre en un lugar seguro y además de eso, deshacerte de manera efectiva de cualquier documento que contenga este número, jamás tirarlo a la basura y mucho menos dejarlo al alcance de otras personas.

Nunca debes darle a nadie tu número completo de Seguro Social en ninguna llamada telefónica, ni incluirlo completo en documentos que no sean oficiales, generalmente las instituciones comerciales verificarán los 4 últimos números de tu Seguro Social solamente.

¡¡¡Cuídalo mucho, es un tesoro!!!

Vocabulario relevante al tema:

Seguro Social: Social Security
Ciudadano: Citizen
Beneficios: Benefits

Incapacidad: Disabilities
Jubilación: Retirement
Servicio de Ciudadanía e Inmigración de USA: USCIS
Estado migratorio: Immigration Status
Aplicación: Application
Acumulado: Accrued
Capacidad para beneficiarse: Ability to benefit

Tengo que trabajar, ¿cómo empiezo?

«Toma esta gran oportunidad y enfócate para salir adelante», EF.

Una de las cosas más importante para una persona que llega a los Estados Unidos es poder conseguir un empleo digno que le permita mantenerse y ayudar a su familia.

La búsqueda de trabajo tendrá mucho que ver con el estado y la ciudad a la que llegues a residir, ya que aunque existe un departamento de labores que es federal, y que marca las pautas laborales para todo el país, muchos estados tienen su propias leyes y jurisdicción a la hora de contratar, y esto por supuesto unido a la profesión que tengas te darán más oportunidades en un estado que en otro. Por ejemplo, en el estado de la Florida muchas personas trabajan en el área de servicios, debido a la gran cantidad de hoteles y restaurantes que hay, por supuesto que una persona con experiencia en estas áreas le será mucho más fácil encontrar trabajo allí.

Hay estados como New Jersey en el que todavía hay muchas áreas de manufactura y fábricas, donde no se requiere, en muchas ocasiones, que se hable el idioma inglés. Muchas personas comienzan allí y luego avanzan a áreas que se relacionan más con su profesión.

Es por esta situación del idioma que muchas veces encontramos personas profesionales en trabajos que quizás no estén de acuerdo al nivel de su educación, pero como dije antes, es importante trabajar y comenzar en lo que se pueda mientras se alcanzan las herramientas para lograr las metas. Porque en este país, mientras más alta sea la posición, más altos serán los requerimientos y los años de experiencias que un empleador va a exigir. Por eso es sumamente importante que traigas siempre contigo tu hoja de vida, conocido aquí como un *resume*. En esta hoja de vida podrás narrar y elegir con el tiempo qué vas a ir colocando en ella.

Es de gran importancia conocer cómo las habilidades y experiencia de nuestro país de origen se transmiten al mercado americano, es decir la experiencia laboral, carreras universitarias, entrenamientos y demás que pueden ser aplicados aquí. Algunos estudios pueden ser revalidados en este país.

Buscar trabajo no es nada del otro mundo, especialmente ahora, que todo se hace de manera cibernética. Hay miles de aplicaciones que sirven para lograr este objetivo.

Es recomendable usar los medios digitales, una computadora será el comienzo. Si no tienes acceso a una, puedes acudir a la librería (biblioteca) más cercana y pedir asistencia. Debes tratar de mirar los anuncios para posiciones que creas que son compatibles con las experiencias que posees.

Nunca se debe pagar para conseguir un trabajo. Personas inescrupulosas pueden cobrar a cambio de dar o conseguir empleo. Estas suelen ser prácticas comunes y no honestas, muchas personas han sido engañadas al pagar para conseguir un trabajo. Aquí, en Estados Unidos, ninguna empresa seria cobra por contratar. A excepción de las agencias de colocación de empleos, ninguna otra empresa debe cobrar por ayudarte a conseguir trabajo.

Al comenzar la búsqueda, se debe mirar la narrativa, lo que realmente están solicitando es lo primordial, ya que en el mundo actual los resúmenes o currículos son revisados por los sistemas virtuales y sólo los que tengan el mismo vocabulario pasarán a una segunda ronda.

Se debe tener muy en cuenta que quizás se deba comenzar a trabajar en una posición menor a la que se tenía en el país de origen, y poco a poco ir avanzando, es lo más práctico y como generalmente trabaja el sistema. Para optar a cualquier posición administrativa o algún cargo mayor que requiera una educación específica, ameritará una entrevista en inglés, exigirán documentación apropiada y quizás hasta puedan exigir hacer un chequeo del récord de vida criminal y financiero del aspirante. Generalmente esto sucede cuando se desea trabajar en instituciones financieras o establecimientos que manejan algún tipo de fondos o documentaciones personales específicamente.

Además, se usa mucho en este país las entrevistas de comportamiento o *behavioral interviews,* como se le dice en inglés. Los empleadores las usan con la intención de establecer que el candidato sea el más apropiado, no sólo a nivel de experiencia laboral, sino también en su forma de adaptarse a la cultura de la empresa y que pueda interactuar con el resto del personal de manera armoniosa.

Siempre se puede conseguir un buen empleo. Estos punto te ayudarán a que sea más fácil:

- ❖ Páginas como Yahoo, Indeed, Craigslist, entre otras, son apropiadas para subir tu *resume* o hoja de vida.
- ❖ Las agencias de colocación de empleo son una gran fuente para encontrar trabajo, ya que muchos empleadores no tienen el tiempo para hacer contrataciones y recurren a estas.

Tanto en una agencia de empleo como en una corporación, una forma que es universal para trabajar en USA es la forma I-9, todo empleador pedirá que se llene esa planilla. Esta es simplemente la forma de verificación de elegibilidad para trabajar en los Estados Unidos. La hoja de vida debe ser completada en inglés siempre.

Nunca se debe incluir en un *resume* en los Estados Unidos una foto. Tampoco se debe incluir historial familiar, como si se es casado o soltero o si se tiene hijos o no. La información debe ser estrictamente relevante a estudios y experiencia laboral, intereses y servicios voluntarios.

¡Tu vida personal es privada y es en contra de la Ley de Trabajo de los Estados Unidos incluirla en tu hoja de vida!

Es vital mantener siempre toda tu información laboral actualizada. Y algo superimportante es el manejo de tus redes sociales. Debemos recordar que somos lo que proyectamos en las redes. Y hoy, más que nunca, los empleadores vigilan lo que sus empleados o aspirantes hacen en sus redes, cuáles son sus ideales, cuáles son sus aspiraciones, qué tipo de información están posteando, entre otras cosas. ¡Muchos empleadores chequean las redes sociales de los aspirantes antes de hacer una contratación!

¡Una actitud positiva y sobre todo mostrar el deseo de superación serán claves para alcanzar un buen empleo!

Vocabulario referente al tema:

Curriculum: Resume
Trabajador: Hardworking
Responsable: Responsible
Trabajo: Job
Experiencia: Experience
Habilidades: Abilities, skills
Tareas: Duties
Creativo: Creative
Leal: Loyal
Amistoso: Friendly
Eficiente: Efficient
Entrevista: Interview

Mi primera cuenta de banco en USA

«Parte fundamental para alcanzar tu sueño americano», EF.

Al llegar a los Estados Unidos, venimos con tantos sueños y muchas veces nos llenamos de dudas, de pensamientos negativos y hasta llegamos en ocasiones a pensar que será imposible. Es bueno saber que todos estos pensamientos nosotros los creamos y, por lo tanto, somos los únicos capaces de cambiarlos.

Una de las áreas más importante para todo inmigrante es el área de las finanzas, es donde generalmente más dudas nos llegan. Uno siempre puede superarse, al principio puede ser un gran reto, y la mayoría de nosotros debemos aprender a vivir con el mínimo de ingresos hasta que nos estabilicemos financieramente. Por eso es muy importante que desde que comencemos a trabajar, tengamos la intención de aprender la importancia de ahorrar en los Estados Unidos.

El primer consejo es algo bien simple. Mi madre repetía siempre un refrán coloquial que al final de cuentas siempre tenía sentido: «¡Empieza por el principio!». Esto aplica en muchas áreas, pero sobre todo en el área de comenzar un sistema de ahorros, algo que es primordial para salir adelante. Muchas veces pensamos que tenemos que tener cierta cantidad para empezar, sin saber que en realidad necesitamos muy poco para abrir nuestra primera cuenta y que al hacer esto, nos motivaremos y acostumbraremos a ir poco a poco aumentando nuestras finanzas.

¡¡¡Manos a la obra, a ahorrar se ha dicho!!!

Lo primero es buscar un banco local, y tener en cuenta que, si tenemos fácil acceso a él, será más fácil ir a depositar, a diferencia de que si necesitamos transporte para llegar, quizás se nos haga más difícil dar el paso de ir a depositar nuestro dinero.

Es importante saber que una cuenta no es más que un depósito de nuestro dinero, que podemos usar a nuestra conveniencia cuando lo necesitemos. En esa cuenta pueden depositar nuestro salario completo y desde ella pagar las cuentas, hacer transferencias, usar los cajeros automáticos, entre muchas otras cosas.

Existen muchos tipos de cuentas, pero las más comunes son las cuentas de ahorros y cuentas de cheques. Se debe ir al banco donde queremos abrir la cuenta, sentarnos y que un asesor nos explique lo que ofrecen. Es bueno no hacerlo con el primero, siempre es mejor buscar opciones o preguntarle a familiares y amigos; así podremos elegir el tipo de cuenta que más nos convenga. Esta sería una decisión que es diferente para cada persona de acuerdo con cada circunstancia.

Algunas de las preguntas que se deben tener en cuenta al hablar con el asesor bancario son las siguientes:

¿Puedo usar mi dinero inmediatamente?
¿Podré tener una tarjeta de débito con esta cuenta?
¿Podré hacer mis transacciones online?
¿Cuál es la seguridad de mi cuenta, cómo funciona?
¿Puedo congelar mi tarjeta si se me pierde?

La otra parte muy importante y que puede variar por estados son los documentos requeridos para abrir una cuenta de banco. Por ejemplo, aquí en el Estado Jardín, New Jersey, solicitan una identificación vigente con foto, (tarjeta de residencia, permiso de trabajo, pasaporte americano), una factura que pueda mostrar la dirección de habitación y por supuesto, una pequeña cantidad de dinero para abrirla. Esto último depende del banco, pero algunos hasta con 25 dólares permiten hacerlo.

Lo más común es tener una cuenta de cheques que nos permita recibir en ella el salario y de ahí lograr hacer pagos, transferir dinero a familiares; siempre chequeando cuáles son los cargos que el banco cobra por los servicios. Algo a lo que podemos sacar muchas ventajas en los servicios incluyen temas como el *Overdraft protection*, o Protección de Saldo Negativo, esto puede ser muy costoso, pero si lo tienes como beneficio en tu cuenta, te puede salvar de multas.

Y por último, después de poseer una cuenta bancaria, los bancos observarán nuestra rutina financiera para otorgar tarjetas de crédito, por eso es muy importante que nuestros ahorros y pagos sean consistentes.

También es recomendable abrir una cuenta de ahorros para ir pasando a esta el dinero que puedas ahorrar fijamente. Es preciso preguntar en el banco si hay un interés que se pueda ganar por este dinero.

¡¡¡Recuerda, los límites los pones tú!!!

Vocabulario referente al tema:

Cuenta: Account
Ahorro: Saving
Explique: Explain
De acuerdo: Agree
Tarjeta de crédito: Credit Card
Cuenta corriente: Checking Account
Cajero: Cashier
Banquero: Banker
Cuenta de ahorros: Saving account
Sobregiro: Overdraft

¡Mi crédito es importante!

«¡Base primordial para hacer crecer tu economía, proporcionando grandes beneficios!», EF.

Esto no es más que la reputación e historial financiero que una persona crea en los Estados Unidos, y no se pueden importar estos datos desde otros países, pues trabaja con el Seguro Social, número que se otorga solamente con un estatus de residencia permanente al llegar a este país.

Es algo de tanta importancia que debemos dedicar un tiempo a aprender sobre este, lo primero es que es un número de tres dígitos que va desde 300, siendo este considerado un crédito bajo, a 850 siendo este el puntaje de crédito más alto.

Las personas comienzan a hacer su crédito, como se le dice comúnmente, a través de cuentas pequeñas como de teléfono, televisión por cable, Internet, tarjetas de tiendas, préstamos pequeños, el pago del alquiler, entre otros. Cuando las personas son responsables a la hora de pagar sus deudas sube el puntaje de crédito, el cual va subiendo lentamente hasta llegar a un historial sólido. Mientras más alto sea el crédito, mejores oportunidades se tendrá en los Estados Unidos para comprar casa, carro, préstamos, viajes o todo lo que desee.

Cabe destacar lo contrario, tener un crédito bajo, demuestra que no eres responsable a la hora de hacer tus pagos, eso puede cerrarte muchas puertas.

Existen tres importantes agencias crediticias: Equifax, Experian y Transunion. Ellas se encargan de regular y de revelar el crédito de un individuo. Estas agencias tienen maneras diferentes de calcular el crédito y lo más importante es que cada quien puede controlar la manera en que este sube.

Es importante tener muy pendiente el número de deudas acumuladas. Si son deudas largas pagar a tiempo es sumamente importante para que se reporte la integridad del deudor. Es vital vigilar que se estén reportando a tiempo los pagos al Buró de Crédito. Y tener pendiente que lo que más afecta el crédito es hacer pagos atrasados.

Muy importante es saber que nunca se debe usar una tarjeta al máximo y que para que el crédito suba, sólo se debe usar el 30 % del total que se te ha otorgado. Debes prestar mucha atención a esto si quieres tener un futuro prometedor en los Estados Unidos, porque una vez dañado el crédito, es muy difícil reconstruirlo y salir adelante. Hay miles de ocasiones en las que una persona puede tener el dinero en efectivo a mano, pero que el no tener crédito le cerrará oportunidades.

Organización, ese sería mi mayor consejo en este tema. Mantener el balance de lo que recibes y lo que gastas es siempre una manera inteligente de manejar tu crédito.

¡Nunca debes tener más deudas que ingresos!

Vocabulario relevante al tema:

Reporte de crédito: Credit Report
Puntaje de crédito: Credit Score
Préstamo: Loan
Calificación: Rate
Alta: Higher
Baja: Lower
Tarjeta de crédito: Credit Card
Bancarrota: Bankruptcy
Riesgo de crédito: Credit Risk
Historial de pago: Payment History
Hipoteca: Mortgage

Emergencias, tomando control

«¡Nunca tomes esto como un juego, contacta a las instituciones responsables!», EF.

¿Quién no tiene una emergencia? Yo diría que todos en algún momento de nuestras vidas tenemos que lidiar con un episodio de esta naturaleza. Es por eso que es tan importante que siempre tengamos en cuenta que en los Estados Unidos debemos estar preparados para estos casos, pues aquí las cosas se manejan de manera diferente, cada cosa en su lugar, cada cuerpo civil de asistencia tiene una función específica. Cada emergencia tiene una categoría que van desde emergencias financieras, médicas, familiares, de trabajo, entre otras.

Cuando te hablo de emergencias médicas y familiares, es imprescindible que conozcas dónde están localizadas las oficinas del Departamento de Policía de tu ciudad y saber cuál es la localización más cercana, el número de teléfono local de esta institución y de suma importancia conocer si cuentan con traductores al español y cómo hacer para comunicarte en caso de que no tengan personal bilingüe disponible.

Lo primero que vamos a detallar son las emergencias médicas, ya que saber reaccionar y estar preparados ante estas, puede hacer la diferencia entre la vida y la muerte. En este caso el número clave es el 911 desde cualquier parte de los Estados Unidos. Desde cualquier teléfono celular, aun si está desconectado, inmediatamente nos dará acceso al Sistema de Emergencias, en el que tan sólo al entrar la llamada, ya sea desde un teléfono de casa o negocio, se registrará la ubicación, se creará también un récord y llegará la policía local. Esto hay que tenerlo en cuenta, ya que es de suma importancia.

Si se llama desde un celular es vital conocer la ciudad donde se está en ese momento y la dirección exacta. Gran parte de la supervivencia de una persona va a depender de lo que esta pueda comunicar al llamar al Sistema de Emergencia o 911. Por ejemplo: se debe tener la dirección completa, hay que ser claros al explicar la emergencia y ser precisos al seguir las instrucciones que nos den.

Otra opción si se tiene una urgencia médica, es tratar de llegar al hospital más cercano, pero nunca es aconsejable ante un caso de gravedad.

Con el 911 se puede acceder a una ambulancia, a la policía o los bomberos. Nunca se debe marcar el 911 si no es necesario. También se debe informar a todos en la familia que recién llegan de esta opción. En esta línea también se encargan de las emergencias de violencia doméstica y las personas que contestan están preparadas para atender este tipo de llamadas.

Otros tipos de emergencias incluyen:

❖ Fármacos: si alguien necesita medicinas urgentes en medio de la noche, puede buscar en línea las farmacias abiertas 24/7, ya que este número indica que estarán abiertas 24 horas, los 7 días de la semana. Hay que tener en cuenta que para cualquier medicamento controlado se exige presentar una receta certificada otorgada por un médico del área y que cumpla con los requisitos federales de expendio de drogas y medicamentos. Jamás vas a encontrar medicamentos controlados en la parte de afuera de una farmacia.

❖ Médicos: en los Estados Unidos no es común que los doctores visiten a los enfermos en sus casas, y realmente sólo personas muy adineradas pueden costear este tipo de servicios. Está ahora muy de moda las consultas en línea, o lo más común, las clínicas que reciben pacientes sin citas, que siempre resultan más económicas que las visitas a los hospitales.

No podemos dejar de mencionar que es muy recomendable establecer en la familia lo que se conoce como un fondo financiero de emergencia, que no es más que poder tener unos ahorros designados exclusivamente a las emergencias que puedan surgir. Esto se puede hacer a través de una cuenta de ahorros o algo similar.

También hay otras instituciones no tan comunes que ayudan cuando hay desastres naturales, entre ellas FEMA y estas operan de acuerdo al estado en que ocurra el siniestro.

Todos los estados cuentan con instituciones que asisten a sus residentes, no se debe dudar en buscar especialmente en el City Hall o Casa del Alcalde de la ciudad este tipo de información.

¡Prepara a tu familia para que sepan cómo reaccionar si ocurre una emergencia!

Vocabulario referente al tema:

Emergencia: Emergency
Hospital: Hospital
Llamar: Call
Farmacia: Pharmacy
Ambulancia: Ambulance
Policía: Police
Departamento de bomberos: Fire Department
Abogado: Lawyer
Doctor: Doctor
Medicamentos sin recetas: Over the counter medicine

Cómo encontrar profesionales de la salud

«Cuida tu salud y todo vendrá por añadidura», EF.

Una de las cosas que el inmigrante muchas veces descuida cuando llega a residir en los Estados Unidos, es el área de la salud. Y es que venimos con tantas preocupaciones, trabajo, finanzas, mudanzas, que nos olvidamos de nosotros mismos, y también al no tener conocimiento pensamos que puede ser supercostoso y en algunos casos simplemente no apartamos el tiempo de hacer una cita para chequeos anuales rutinarios, que son hoy en día, la clave para prevenir y tomar control de nuestra salud.

Qué necesidad tan grande tenemos todos de tener profesionales en el área de la salud en los que podamos confiar. En nuestros países generalmente estamos familiarizados con profesionales en todas las áreas, y muchas veces hasta el dueño de la farmacia nos da un consejo en cuanto al uso de medicamentos. Pero aquí, eso está totalmente prohibido, por más que una persona sepa y tenga experiencia, conocimientos y estudios en el área de la salud, nunca, absolutamente nunca debe recomendar medicinas a otras personas, esto es totalmente inapropiado.

Ha habido casos de muertes y estos son penados con máximas condenas. El que recomienda el medicamento se hace responsable si algo le pasa la persona que se lo ha recomendado.

En este país todos los médicos deben tener su licencia, y bajo ningún concepto se recomienda asistir a un médico que es certificado en otro país. También es digno de mención, que las certificaciones varían por estados. Por eso un médico que practique en el estado de la Florida, por ejemplo, puede ser que no tenga licencia en Nueva York.

La salud es sumamente importante, por eso toda persona que necesite realizarse un procedimiento médico o algo similar, debe estar segura que está en las manos adecuadas y que el doctor tenga experiencia en el área, también es recomendable leer lo que se conoce como *reviews,* es decir, la revisión de su historial, para saber que no ha sido acusado de lo que se conoce como malas prácticas y que posee un récord de práctica intachable.

Todo el mundo debe tener lo que se conoce como un PCP (Primary Care Provider), que es un médico primario o de cabecera, como le llaman en algunos países.

Al obtener un seguro médico, los asesores brindan información de donde se puede conseguir un PCP a través de los listados que ellos proveerán.

En todo el país hay clínicas o centros médicos del Estado que ofrecen servicios de salud para personas sin seguro médico. Estos centros brindan atención médica de calidad. Son clínicas que están siempre a la vanguardia en el área de la salud, son confiables y prestan diferentes tipos de servicios, entre ellos: atención médica para adultos, educación en diferentes áreas de salud, consejería, asesoramiento y más.

Otro punto muy importante es el sistema de citas, que aquí en Estados Unidos, es sumamente respetado, sólo en caso de emergencia se recomienda aparecer en un consultorio sin cita previa.

Para concluir este capítulo quiero resaltar la importancia de tener un médico de cabecera, quien será siempre el encargado de la salud del paciente. Cuando algún enfermo debe visitar a un especialista, su médico de cabecera debe estar al tanto, y nunca se le debería ocultar información sobre cuestiones de salud. Los médicos principales son los responsables de los récords de vacunas de los niños y adolescentes, vacunas que son requisitos indispensables para todos los estudiantes en los Estados Unidos.

¡Tu salud es tu responsabilidad!

Vocabulario relevante al tema:

Consultorio médico: Doctor's Office
Consultorio dental: Dental Office
Seguro médico: Health Insurance
Programa de salud: Health Program

Medicina interna: Internal Medicine
Ginecólogo: Gynecologist
Pediatra: Pediatric
Nutricionista: Nutritionist
Psicólogo: Psychologist
Farmacéutico: Chemist / Pharmacist
Medico primario o PCP: Primary Care physician
Centros de urgencias médicas: Urgent care centers

Medios de transporte en los Estados Unidos

«¡Nos dan la oportunidad de desplazarnos y conocer el país que nos recibe!», EF.

Qué bueno es saber que podemos contar en los Estados Unidos con transportación apropiada. Debemos a la brevedad posible, aprender a movilizarnos por cuenta propia y a entender el sistema de transportación. Pues, hay casos en los que pueden pasar algunos años antes de poder tener nuestro propio medio de transporte.

Lo bueno es que cuando uno llega, muchos de estos medios están disponibles en casi todas las ciudades. Será cuestión de investigar los que existen donde residimos para así sacarle el mayor provecho y no sentirnos encerrados por el simple hecho de no saber utilizar los medios de transporte a nuestra conveniencia.

El inmigrante tiene que aprender a movilizarse, ya que esto hará más fácil su adaptación, y por supuesto, su crecimiento social. La mayoría de las veces, la ciudad más grande que tenemos cerca es la que nos ofrece las opciones de desplazamiento más completas. Hoy en día se puede buscar en línea todo este tipo de información, como lo son itinerarios y rutas que ofrecen la lista exacta de donde están ubicados los centros de desplazamientos de autobuses o trenes que se adaptan mejor a cada usuario.

El transporte aéreo: es maravilloso saber que estamos conectados con todas las ciudades a través de medios aéreos. Es importante saber que los aeropuertos son considerados zonas federales, por lo cual es nuestro deber saber que todo lo que allí sucede estará bajo leyes federales, es decir leyes de penalización sumamente estrictas. Estos están siempre bajo un sistema de vigilancia y cámaras. En todos los rincones hay vigilantes y se debe mantener una postura adecuada. En los aeropuertos exigirán documentos, no se podrá fumar y no se podrá tener ningún tipo de altercado físico, pues todo esto entra bajo cargos federales para los implicados.

Transporte ferroviario: este es uno de los medios de transporte más usados, el transporte ferroviario o mejor conocido como los trenes. Es un medio de transporte bastante aceptable, especialmente en las grandes ciudades como NY es el medio más usado. Estas compañías nos permiten movernos a través de todos los Estados Unidos y resultan más económicos que los viajes aéreos.

Autobuses: entre los medios de transporte más populares se encuentran los autobuses. Para largas y cortas distancias resultan ser económicos. Los autobuses locales y estatales generalmente operan en todas las ciudades del estado donde resides. Es muy importante saber el método de pago que puedes usar, ya que muchos sólo reciben el monto exacto, y si no lo tienes no te transportan. Otros pueden usar tarjetas prepagadas.

Para los viajes largos contamos con líneas de autobuses como Greyhound, Megabus, Peterpan, Trailways, entre otras. Estas poseen grandes comodidades para largos viajes, incluyendo wi-fi, y te ofrecen la oportunidad de comprar en línea tus boletos. En muchas ciudades con grandes poblaciones hispanas, existen los microbuses, que hacen transportación local a precio económico.

También hay algo muy común entre la comunidad hispana que labora en fábricas o que simplemente se transporta entre ciudades, los llamados **transportes colectivos** o *rides,* donde semanalmente las personas pagan generalmente un precio fijo para ser transportados a sus lugares de trabajo.

Como USA es tan grande, muchas veces tendremos que usar varios medios de transporte a la misma vez para llegar a nuestro destino. El itinerario o el *schedule,* como se conoce, lo tendrán siempre posteado de antemano y siempre los siguen al pie de la letra para que podamos planificar nuestros viajes con confianza. También podemos comprar los *tickets* con anticipación.

Vocabulario referente al tema:

Bus: Bus
Tren: Train, subway
Taxi: Taxi
Carro: Car

Avion: Plane
Estación: Station
Aeropuerto: Airport
Ferry: Ship
Caminar: Walk
Pasajeros Passengers
No tirar basura: No littering
No pedir o holgazanear: No loitering

¡Vamos a cenar en grupo!

«¡Buena oportunidad para socializar, conocer y aprender a compartir gastos!», EF.

«Cuentas claras conservan amistades», ese refrán popular que casi todos hemos oído se adapta perfectamente a nuestro próximo tema.

Muchas veces cuando llegamos de nuestros países quizás estamos acostumbrados a decir «el que invita paga» y tenemos en la mente que cuando alguien invita a un grupo de amigos a cenar o almorzar deberá pagar por todos. Aquí muchas veces no sucede así, aun si nos invitan a salir en un grupo, es cortesía y regla social saber que debemos aportar algo para compartir o para pagar la cuenta, según sea el caso.

Nada más importante que tener claro quién va a pagar la cuenta y cuánto vamos a gastar, antes de comenzar a ordenar. Y si vamos a salir a cenar en grupo, debemos aportar algo para la cena.

Si se ha decidido hacer lo que aquí se conoce como *Pot Luck*, que significa que cada persona traerá algo para compartir, es de muy mal gusto llegar con las manos vacías. Aparte de esta regla financiera y social, que es de suma importancia porque aquí todos tenemos que trabajar muy duro por nuestros ingresos, es prudente observar otras reglas sociales que harán la convivencia más fácil y placentera. Por ejemplo, si alguien nos invita a comer y ofrece pagar la cuenta, nunca se debe ordenar el plato más caro del menú. También se puede jugar con la inteligencia permitiendo a la persona que invitó, marcar las pautas de lo que se estará haciendo en la velada. Si el anfitrión ordena una botella de vino, es recomendable no ordenar un whisky, pues es posible que lo tomen en cuenta y lo pensaran dos veces antes de volvernos a invitar a salir.

Otra regla muy importante es no traer personas que no han sido invitadas a ninguna velada, ya que puede ser en muchos casos considerado como ofensivo.

¡Anímate a reunirte con amigos, a conocer nuevos lugares, pero siempre teniendo en cuenta que, entre todos gastamos menos!

Vocabulario referente al tema:

Cena: Dinner
Comer: Eat
Beber: Drink
Ordenar: Order
Restaurante: Restaurant
Invitar: Invite

Cuenta: Check
Entrada (comida): appetizers
Plato principal: Main course
Guarniciones: Side dishes
Postre: Dessert
Comida chatarra: Fast food

¡Deja tu propina!

«¡Forma de gratificar a las personas por un servicio recibido y habla de ti!», EF.

Hay anécdotas que uno nunca olvida. La primera vez que visité un restaurante de lujo en los Estados Unidos, tuve la experiencia de la propina incluida en la cuenta. Y me pareció absurdo. «¿Quéééé?».

Pero como aquí, señores, hay reglas para todo, y las propinas no se escapan de ellas, aprendí el porqué, y es que no sabía que los salarios de las personas en el área de servicios, muchas veces son recompensados con las propinas, y es una forma de que el empleado se esmere en servir de manera excepcional y que el cliente sea generoso y regrese por tan buen servicio, «mucha lógica».

Hay que tener en cuenta que muchas veces serás juzgado por las propinas que otorgas, y si son buenas, créeme que verás que al regresar al restaurante las personas encargadas del servicio correrán al verte. Esto tiene mucho que ver con el tipo de propinas que otorgas, porque también puede ocurrir lo contrario.

Se toma muy seriamente, ya que estamos hablando del ingreso para vivir de un empleado. Ir a un lugar y no otorgar nada sería muy trágico para algunos trabajadores. Siempre poniendo atención si el servicio en realidad te ha gustado se comienza con un 15% del total de la cuenta, pero hoy en día ya en los recibos cuando pagan nos dicen exactamente cuánto hace el 15, el 18 y el 20 por ciento y ya será de tu parte decidir qué es lo que realmente quieres hacer.

Lo que no es aceptable es marcharse sin dejar nada. Lo bueno, es que esta práctica se ha extendido y que hoy en día no sólo los empleados en el área de alimentos califican para recibir propinas, la lista es extensa y actualmente incluye desde taxistas, porteros, carteros, peluqueros, masajistas y otras personas en el área de servicios.

¡Siempre debes cuidar tu discreción para no caer ni en lo mucho ni en lo poco!

Vocabulario relevante al tema:

Porcentaje: Percentage
Propina: Tip
Barman: Bartender
Taxista: Taxi driver
Barbero: Barber
Estilista: Stylist
Mesero: Waiter
Mesera: Waitress
Parqueador de carros: Valet parking
Cash: Efectivo

Una mesa para dos: A table for two
Sígame: Follow me
Por supuesto: Of course

Cómo buscar alimentos étnicos

«¡Mantener la cultura gastronómica le mantiene conectado a tus raíces!», EF.

¡Qué sabroso es disfrutar un pandebono, unos tacos al pastor o unas sabrosas alcapurrias!, pero lamentablemente hay estados y ciudades en las que todavía no podemos encontrar un gran número de alimentos étnicos. Sería una gran bendición contar con todos los sabrosos y suculentos platillos de nuestros países. Es una manera de mantener nuestras raíces y de prolongar nuestra cultura. Yo pienso que no sería justo olvidarnos de los maravillosos platillos de nuestras madres y abuelas.

Denominamos alimentos étnicos a productos y recetas de una cultura específica, pero que cuando salimos de nuestros países llevamos en nuestros corazones. Siempre debemos preguntarnos si estamos en el vecindario adecuado para conseguir lo que buscamos, ya que por razones comerciales y de viabilidad de los productos, estos serán distribuidos en los supermercados basados en la etnia de la mayoría de sus habitantes. Si no encontramos algo en nuestra área, debe existir otra parte de la ciudad, quizás con un número mayor de habitantes procedentes de nuestro país de origen, y allí encontraremos lo que buscamos.

Hay una gran cantidad de supermercados en los Estados Unidos, y hoy en día la mayoría sabe que la población hispana ha crecido y es por ello que dedican áreas enteras a los productos hispanos. Grandes casas distribuidoras como La Fe, Goya, entre otras, han hecho posible que nuestros productos sean encontrados de manera fácil y segura en los estantes de la mayoría de comercios. Es importante saber qué buscamos, si existe fresco o ya enlatado; pero de lo que sí estoy segura es que, si existen residentes en una comunidad específica, habrá un espacio étnico en el cual se puedan comprar los productos de nuestra hermosa tierra natal.

También hay en los supermercados las opciones de los alimentos preparados, que ya el público se ha acostumbrado a llevar a casa para compartir en familia y que son altamente recomendados por su calidad elevada y buen precio. Y la disponibilidad de estos va a depender de la población étnica de donde esté localizado el comercio. Por ejemplo, si nos dirigimos a un supermercado o restaurante en Washington Heights, la comida expendida allí estará enfocada al público de origen dominicano.

Los restaurantes son otra gran oportunidad de conocer los platillos de determinados países, sería interesante aprovechar la oportunidad de visitar restaurantes que ofrecen platillos de diferentes naciones, este será siempre un enlace importante entre nosotros y la diversidad que vivimos aquí en los Estados Unidos, así ampliaremos nuestro conocimiento cultural.

Hay algunas definiciones que encontramos en los supermercados con las que sería bueno familiarizarnos, por ejemplo, la palabra orgánico, lo cual quiere decir que es mínima la exposición a los pesticidas y materiales sintéticos. Hay una etiqueta para productos «natural» que sólo aplica a las carnes, aves y huevos; significa que no contienen ingredientes artificiales, según el Departamento de Agricultura (USDA). También se usa mucho el término «producto local», lo cual quiere decir que es del estado o estados cercanos y puede llegar a la tienda en las próximas veinticuatro horas después de haber sido producido. Cuando se dice que un producto es «artesanal», hace referencia a los productos hechos a mano en pequeñas cantidades. «De temporada», son los alimentos que están siendo cosechado en la misma época, cerca de nosotros y que sería difícil encontrar en otras temporadas.

¡Nunca dejes de amar las recetas maravillosas de tus ancestros!

Vocabulario relevante al tema:

Supermercado: Supermarket
Cocinando: Cooking
Cocina mundial: World Cuisine
Comida latina: Latin food
Sazones: Seasonings
Madurez: Matureness
Gastronomía: Gastronomy
Comida Casera: Confort food

¿Cómo sabe?: How's it taste?
Delicioso: Delicious
Vegetariano: Vegetarian
Una dieta balanceada: A balanced diet
Especialista cocinando en parrilladas: Pitmaster

Días que celebramos en los Estados Unidos

«Es tu oportunidad para compartir y viajar con tu familia adaptándote a tu nueva casa», EF.

«Waoo, hoy no se trabaja, pero nadie me dice por qué. ¿Qué será lo que celebran?», me pregunté durante el transcurso del día. Pero saben qué, es que en la casa no sabían tampoco. En verdad, era algo nuevo para mí, pues era la primera vez que estábamos todos en la casa durante un día de semana.

Los llamados *holidays*, son tiempos de festejos, en el que muchas familias lo toman para descansar y otras para salir a pasear, ¡ah! Esto es lo que llaman un *holiday* o día festivo, ahora entiendo.

Muchos días feriados son similares a los días que celebramos en América Latina, pero muchos no son nada parecidos a nuestras celebraciones. Sería bueno tener esto presente para que no te pase lo que a mí.

En los Estados Unidos los días que son festivos se dividen en dos categorías: días de fiestas federales y días de fiestas religiosas.

Los días federales son los días en los que el Gobierno cierra todas sus oficinas, y el único día federal religioso festivos es el Día de Navidad.

Mi primer día de *Thanksgiving* o Acción de Gracias me vestí y me arreglé a las cinco de la mañana para ir a trabajar como de costumbre, sólo para darme cuenta que nadie ese día se había levantado, y como yo era la que más temprano entraba a trabajar, no encontré nada extraño.

A continuación, ofrezco una lista de los días festivo, es muy importante conocerlos por muchos motivos, numerosas veces serán colocados y habrá fines de semanas más largos, lo que mucha gente usa para poder viajar. Los que tienen una estrella junto a ellos son los más grandes días de fiesta, casi obligatorios, en los que casi todos los comercios, bancos, escuelas estarán cerrados, son los días que los empleadores acostumbran a pagar sin que se labore. El resto son días festivos por igual, pero con la excepción de que algunos empleadores lo otorgan a sus empleados y otros no.

Nuestros días de fiestas o *holidays*:

Día de Año Nuevo, 1 de enero.*
Día de Martin Luther King, 20 de enero.*
Día de Lincoln, 12 de febrero.

San Valentín, 14 de febrero.
Día de los Presidentes, 17 de febrero.*
Día de San Patricio, 17 de marzo.
Día de los Inocentes, 1 de abril.
Viernes Santo (según el calendario).
Domingo de Pascua (según tu calendario).
Día de las Madres (segundo domingo de mayo).
Memorial Day Weekend, 25 de mayo.*
Día de la Independencia, 4 de julio.*
Día del Trabajo, 2 de septiembre.*
Día de Cristóbal Colón, 12 de octubre.*
Día de las Brujas, 31 de octubre.
Día de los Veteranos, 11 de noviembre.*
Día de Acción de gracias, 28 de noviembre.*
Nochebuena, 24 de diciembre.
Navidad, 25 de diciembre.*
Noche Vieja, 31 de diciembre.

¡Celebremos juntos en armonía!

Vocabulario referente al tema:

Días festivos: Holidays
Increíble: Awesome
Descansando: Resting
Extendido: Extended
Opción: Option
Flight: Vuelo
Excursión: Excursion
Viaje: Journey
Turismo: Sightseeing
Maleta: Suitcase

Cómo seleccionar nuevas amistades

«Seleccionar buenas amistades, de carácter afable te garantizan una mejor calidad de vida», EF.

Busca personas que se parezcan a ti, tú eres lo mejor del mundo, asegúrate que no cometas el error de juntarte con personas que no reflejen tus valores, eso en este y en cualquier país del mundo tendrá el mismo valor, por favor, no te confundas.

Procura que entre las prioridades a la hora de elegir tus amistades reine el deseo de tener cerca de ti personas con las que puedas dialogar y que siempre excluyen los vicios, la violencia, la intolerancia y la falta de respeto.

Una de las cosas más importantes al llegar a los Estados Unidos es reconocer que no tenemos ya junto a nosotros las maravillosas amistades que durante toda nuestra vida hemos cultivado. Es por eso que te invito a que no sea un proceso superficial, recomiendo que si tienes familia, por favor, trata de conocer los amigos que ellos ya han cultivado y de ahí expandir tu propio círculo.

Los amigos en los Estados Unidos pueden ser nuestra familia y podemos recibir de ellos ese apoyo moral y espiritual que tanto necesitamos. Créeme, que aunque sí podemos hacer buenas amistades aquí, siempre estará nuestro corazón extrañando los que hemos dejado. Pero ese no es el punto, lo importante es que entiendas que aquí debes ser sumamente cuidadoso a la hora de elegir a quienes vas a tener cerca de ti, y especialmente cerca de tu familia y de tus hijos.

Debemos invertir en cultivar las nuevas amistades. Y saber que una amistad tiene dos vías y que debemos siempre tratar de dar lo que queremos recibir, que nada te va a causar más placer que tener amistades donde reine la armonía, sana convivencia y que compartan gustos y recreos que las familias puedan disfrutar.

Algo muy delicado es la elección y saber que si tú decides juntarte con la persona inapropiada esto te puede traer consecuencias, ya que aquí también aplica el dicho dime con quién andas y te diré quién eres.

Una de las cosas más importante a tener en cuenta es que la diversidad te permite en los Estados Unidos disfrutar de amistades de todas partes del mundo. Un nivel cultural al que quizás muchos no hemos sido expuestos y que nos enriquece de tal manera, que numerosas veces nos sentiremos extraños si tenemos que regresar a vivir a nuestros países.

Siempre debes tener una gran intuición acerca de las personas que se acercan a tus hijos y bajo ningún concepto debes confiarle el cuidado de estos a personas que recién estás conociendo. Amistades nuevas significan un gran reto, ya que realmente sólo conoces lo que estás viendo, es por eso que es recomendable que te integres a lugares sociales como clubes e iglesias para poder conocer personas con los mismos intereses que tú. Aquí no se permite discriminar a nadie por asuntos como religión, sexo, color, creencias, posición social, entre otras causales. Así que debes ser sumamente cuidadoso a la hora de expresarte, especialmente con las amistades en tu lugar de trabajo, pues cometer una indiscreción con un compañero fácilmente te puede costar desde un despido hasta una demanda judicial, como ha pasado en un sinfín de casos.

Para que tengas acceso a nuevas amistades, se usa mucho en este país los intercambios culturales que suceden en las bibliotecas, asociaciones sin fines de lucro y clases para adultos. Y todo esto te abre puertas para expandir tu círculo.

Recuerda que ser amable y sincero abre puertas, pero no te acostumbres a compartir información personal con personas que estés conociendo recientemente, ya que es mejor esperar tener un tiempo de relaciones amistosas para luego poder tratarnos y compartir como en familia. Es interesante saber que en Estados Unidos las relaciones más o menos giran en torno a tu carrera, tu trabajo, tus *hobbies* y más.

¡Es importante que tus amistades sean exactamente para ti, lo que tú quieres ser para ellos!

Vocabulario relevante al tema:

Amistad: Friendship
Confiar: Trust
Buenos amigos: Great friends
Siempre importas: Always care
Nunca juzga: Never judge
Conversación: Conversation
Novia: Girlfriend
Novio: Boyfriend
Seguimiento: A follow
Quedarse cerca: Stick around

Cómo ser un emprendedor en USA

«¡Tus sueños se pueden hacer realidad con esfuerzo y dedicación!», EF.

Los latinos somos los número uno en la lista de inmigrantes que más negocios crea en los Estados Unidos. Y no es coincidencia, es que somos creativos, trabajadores, luchadores, innovadores y vemos oportunidades donde otros grupos ven hostilidades.

Existen tipos de visas específicos para emprendedores y es importante que te orientes con fines de profundizar en ese tema. Por ejemplo, la visa B1 es específica para hacer negocios aquí, como reuniones de trabajo, suplidores, y más. La visa L1 es para personas que ya tienen sus negocios establecidos en sus países y quieren expandirse ahora a USA. Y la E2 es para comprar un negocio ya establecido en USA.

Pero, ¿qué pasa si ya estás aquí y quieres emprender tu proyecto de negocios? Lo primero es orientarte. La Cámara de Comercio opera en todos los estados, esta es de gran importancia y generalmente te ofrecerán información de manera gratuita. También están los portales del Gobierno para emprendedores, y además un sinnúmero de organizaciones sin fines de lucro te podrán asistir. Busca en las redes sociales esta información antes de comenzar, todo va a depender del tipo de negocios que desees hacer. Hay que tener muy en cuenta que aquí en Estados Unidos hay reglas que aplican y son muy delicadas.

Sería prudente comenzar a hacer tus investigaciones en el City Hall de la ciudad donde vives. Es vital hacer un plan de negocios específico y efectivo. Puedes buscar una guía online de cómo elaborar correctamente un plan. Aquí sólo te menciono algunas de las partes que debes incluir.

Lo primero es estar seguro de cuál es la necesidad que tu negocio va a suplir. Reconocer claramente qué lo hace único. Conocer el tamaño de tu mercado. Saber cuál es el mercado objetivo. Saber cómo vas a promocionar este negocio. Tener claras tus vías de ingreso. Las anteriores son algunas de las partes más importante de un plan de negocios efectivo.

Usa.gov es la página más importante para buscar información específica de mucho valor a la hora de hacer negocios en USA.

El Small business Administration o Administración de Pequeños Negocios (SBA), con su página bilingüe, es una herramienta útil y confiable que ofrece grandes oportunidades y te pueden asistir en diversos tópicos relacionados al tema.

Debes tener tu idea de negocios clara antes de comenzar tu investigación. Saber si quieres un negocio presencial, algo en línea, una franquicia; antes de tomar la decisión correcta todo esto y mucho más lo puedes investigar en: www.consumidor.ftc.gov/temas/montar-un-negocio.

Debes registrar tu negocio y para ello necesitarás tu número de Seguro Social o un numero de ITIN (Individual Taxpayer identification Number) y así obtendrás un número de identificación EIN, que te permitirá abrir tus cuentas bancarias de negocios, participar en ferias del Gobierno, adquirir beneficios financieros, entre otras cosas.

Aquí todos los negocios son sujetos a *taxes* o impuestos federales y estatales, debes cumplir con estos para no meterte en ningún problema con el IRS.

Si tienes empleados o no, eso dictará el tipo de seguro que debes siempre tener, el seguro de Workers Comp., como se le conoce, es mandatorio para cubrirte en caso de que un empleado sufra un accidente laboral. Esto es muy serio y debes hacer una consulta con un proveedor de seguros antes de comenzar a operar cualquier negocio con empleados.

Vocabulario relevante al tema:

Emprendedor: Entrepreneur
Plan de negocios: Business plan

ITIN: Número individual para pagar impuestos
Empleado: Employee
Empleador: Employer
Ganancia: Profit
Idea de negocio: Business idea
Negocios de comida: Food business
Estrategia de mercadeo: Marketing strategy
Apertura, inauguración: Grand opening

Pagando mis primeros *taxes*

«¡Nunca te juegues con el tío Sam!», EF.

Toda persona que reside y trabaja en los Estados Unidos, está sujeta a las leyes de pago de impuestos, lo que significa que al terminar el año tiene que hacer sus *taxes* o llenar los *taxes* como comúnmente se le llama. Estas son leyes federales de las que no podemos librarnos, y cuando las personas han tratado de librarse de estas, ha sido muy peligroso, pues las penalidades son muy severas.

Cuando se comienza a trabajar en USA, se precisa saber algunas cosas. Generalmente llenamos nuestros formularios de impuestos en los meses de enero y febrero todos los años, y se debe saber exactamente cuánto dinero se produjo el año anterior. La fecha límite es usualmente a mediados de abril para completar el proceso, pero el Gobierno tiene la libertad de hacer extensiones, esto sucede de año a año y no hay fechas exactas.

Hay que buscar a una persona profesional y honesta a la hora de hacer los impuestos y tener a la mano el documento llamado W2, que otorgan los empleadores, donde están los números específicos que serán usados para este evento.

Si se ha obtenido otras fuentes de ingresos también son importantes declararlas, si se ha recibido pagos en *cash* (efectivo) en algún momento y excede los 500.00 dólares, se podrá obtener una forma llamada 1099, la cual es muy usada por las personas que hacen trabajos individuales. Si se ha tenido gastos médicos, abierto un negocio, hecho donaciones, reparaciones de vivienda o si se tiene hijos estudiando en la universidad, también debe declararse, ya que todo esto afecta las declaraciones de impuesto, así que se debe presentar pruebas si fuese necesario y tener todo en orden.

También hay que saber el estatus con el que se trabaja y con el que se llenarán los impuestos: casado, soltero, jefe de familia. Es recomendable hacer una consulta en una oficina especializada para obtener los mayores beneficios. Los padres o tutores reciben un crédito tributario por los niños. Estos deben haber residido bajo el mismo techo por lo menos seis meses para calificar y se deben tener pruebas, como la documentación de la escuela con la misma dirección, los documentos del doctor del niño, entre otras. También se deber tener el Seguro Social de los niños que se reclaman como dependientes.

Algunos de los créditos que pueden ser reclamados son:

❖ Crédito por gastos de cuidados de hijos menores y dependientes; este compensa costos de pagar por el cuidado de un menor de trece años o un dependiente con discapacidad.

❖ Crédito por ingresos del trabajo; aplica cuando un ingreso es inferior a determinada cantidad y depende de la cantidad que se gane y los dependientes calificados que se tenga.

❖ Crédito de educación superior; puede ascender a los 2,500 dólares por cada estudiante calificado para estudios superiores. Eso incluye al titular, a los hijos y al cónyuge.

¡Lo más importante es tener una persona de confianza realizando estos trámites para ti!

Vocabulario referente al tema:

Agentes registrados: Registered agents
Cabeza de familia: Head of household
Enmienda: Amendment
Taxes de propiedad: Property taxes
Auditoría: Audit
Dependientes: Dependents
Ingresos brutos: Gross income
Casado: Married
Soltero: Single
Reembolso: Refund

Abreviaturas y acrónimos, ¿cómo los uso?

«Lenguaje moderno, vamos a aprenderlo», EF.

¡Qué maravilla poder familiarizarnos con el idioma inglés y disfrutar de los beneficios de ser bilingües en este país! Tenemos tantas palabras para aprendernos y como si fuera poco algo que se ha puesto cada día más de moda, especialmente en la juventud, que maneja muchas de sus comunicaciones y medios sociales a través del uso de estos. Pero no menos importante para los adultos que queremos estar actualizados o como dicen los jóvenes «*trending*». Ahora nos toca aprendernos los famosos acrónimos y abreviaturas.

Un acrónimo es simplemente una palabra formada por la unión de dos o más elementos que forman una palabra nueva, la cual debemos leer como se escribe. También está de moda el uso de las abreviaturas, que no son más que procedimientos ortográficos para acortar las frases.

Ambos muy a la vanguardia en la comunicación simplemente para chatear, *textear* de una manera más rápida, porque así está el mundo, buscamos cortar el tiempo en todo lo que hacemos y la conversación no está exenta de este fenómeno.

Muchos creen que es cosa de jóvenes, pero hoy en día ha tomado un gran auge esta forma de escribir o hablar, y es por ello que debemos familiarizarnos con estos, pues a partir de ellos surgen grandes conversaciones y hasta chistes que nos perderemos si no conocemos los acrónimos y las abreviaturas tan usadas aquí en USA.

Estos modismos son tan populares y aceptados hoy por hoy en la comunicación oficial de trabajo, reuniones sociales, procesos educativos, entre otros.

A continuación una lista de **14 abreviaturas** muy usadas en los Estados Unidos:

LOL: Laugh out loud. Partiéndose de la risa.
OMG: Oh my god. !Oh, Dios mío!
ILY: I love you. Te quiero, te amo.
PPL: People. Gente.
IDK: I don't know. No lo sé.
TBH: To be honest. Para ser sincero.
BTW: By the way. Por cierto, a propósito.
THX: Thanks. Gracias.
JK: Just kidding. Estar de broma.
FYI: For your information. Para tu información.
BRB: Be right back. Ahora vuelvo.
IDC: I don´t care. No me importa.

TGIF: Thank God it´s Friday. ¡Gracias a Dios que es viernes!

HBD: Happy Birthday. Feliz cumpleaños.

Lista de **14 acrónimos** muy usados en USA:

AFAIK: As Far As I Know. Por lo que yo sé.
AFC: Away From Computer. Lejos del ordenador.
AFK: Away From Keyboard. Lejos del teclado.
AKA: Also Known As. También conocido como.
ALOL: Actually Laughing Out Loud. Riendome a carcajadas de verdad.
AOTA: All Of The Above. Para todo lo anterior.
ASAP: As Soon As Possible. Tan pronto como sea posible.
BB4N: Bye-Bye For Now. Me despido por ahora.
BBIAB: Be Back In A Bit. Vuelvo en un rato.
BBL: Be Back Later. Vuelvo más tarde.
BBS: Be Back Soon. Vuelvo pronto.
BFF: Best Friend Forever. Mejores amigos para siempre.
BRB: Be Right Back. Vuelvo ahora mismo.
BYOB: Bring Your Own Bottle. Trae tu propia botella.
COB: Close Of Business. Al final del día de trabajo.

Al igual que estos, existen miles, pero lo importante es que comiences a familiarizarte y saber que estos te harán más fácil la comunicación en todos los lugares.

Te invito a practicarlos y de seguro que principalmente tus hijos se sentirán felices de saber que ya estamos llegando al modernismo de la comunicación acronimia y de abreviaturas.

¡Adelante, aprender nunca pesa!

Páginas digitales del Gobierno de USA

Es muy importante saber que todas las organizaciones de Gobierno tienen su página web, y que estas van a terminar en «.gov», así que hay que recordar esto en todo momento.

Aquí una breve lista y algunos de los servicios que ofrecen:

www.dol.gov
Es la página oficial del Departamento de Trabajo de los Estados Unidos, regula todas las leyes laborales y beneficios a los empleados. En ella se puede obtener un gran número de servicios en ambos idiomas.

www.ed.gov
Es la página del Departamento de Educación, regulan todo lo relaciona a esta, incluyendo la información de transferencia de créditos universitarios de otros países.

www.usa.gov
Página oficial para el manejo de desastres, emergencias, inmigración, impuestos, pequeños negocios, créditos, Medicare, entre otras cosas.

www.childwelfare.gov
Información acerca del bienestar de los niños en general.

www.fns.usda.gov
Toda la información acerca de alimentación balanceada, elegibilidad basada en los ingresos familiares y nos dirige

a otras páginas en las que se puede solicitar algunas asistencias.

www.ssa.gov
Administración del Seguro Social, para aplicar y todos los beneficios relacionados.

www.consumidor.ftc.gov/temas/montar-un-negocio
Si se considera emprender un negocio o invertir en USA, esta página tiene información valiosa y confiable.

Trinidad De la Rosa

Nacida en Nueva York y criada en la República Dominicana. Regresa a vivir a los Estados Unidos a la edad de diecisiete años. Ha realizado estudios en Administración de Negocios. Es certificada como: entrenadora de negocios, generalista de recursos humanos. También es veterana del Ejército de los Estados Unidos de América, con más de veinte años de experiencia de trabajo en corporaciones en los Estados Unidos.

A través de los años, desarrolló una pasión por ayudar a las personas a crear oportunidades, especialmente en la comunidad, siempre con una pasión por la lectura y la escritura.

Ha publicado por años en diversas revistas y periódicos. Actualmente administra un programa en el estado de Nueva Jersey que ayuda a las minorías a abrir sus propios negocios. Es la fundadora del primer club de lectura de Union City (Union City Book Club) y el primer grupo de apoyo para mujeres con problemas de peso (Grupo de Apoyo para Mujeres con Sobrepeso). Ha sido fundadora de varios negocios, entre ellos, HR Real Solution, una firma consultora y actualmente trabaja activamente en la plataforma educativa: Trinidaddelarosa.com, que defiende la misión de motivación y educación para el progreso.

Notas

Notas

Notas

Notas

Notas

Notas

Notas

www.lacuheediciones.com

Trinidaddelarosa.com

Trinidaddelarosacoach

Made in the USA
Middletown, DE
07 November 2025